गौसिनी एवं उडरज़ो
प्रस्तुत करते हैं
ऐस्ट्रिक्स का एक साहसिक अभियान

एस्ट्रिक्स की गॉल यात्रा

कथा : **रेने गौसिनी** चित्रांकन : **अलबर्ट उडरज़ो**

www.asterix.com 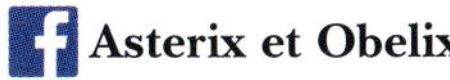 Asterix et Obelix  @lartdasterix

Om Books International

Published in 2020 by

Om Books International

Corporate & Editorial Office
A-12, Sector 64, Noida 201 301, Uttar Pradesh, India
Phone: +91 120 477 4100
Email: editorial@ombooks.com Website: www.ombooksinternational.com

Sales Office
107, Ansari Road, Darya Ganj, New Delhi 110 002, India
Phone: +91 11 4000 9000 Fax: +91 11 2327 8091
Email: sales@ombooks.com Website: www.ombooks.com

एस्ट्रिक्स की गॉल यात्रा
Original title: ***Le Tour De Gaule D'Astérix***

Translated in Hindi by Puneet Gupta & Dipa Chaudhuri

This work is published under the Publication Assistance Programme Tagore,
with the support of Institut français en Inde / Ambassade de France en Inde and the Institut français de Paris.

ISBN: 978-93-5376-428-9

Printed in India

सन् 50 ई.पू.। पूरे गॉल पर रोमनों ने कब्ज़ा जमा रखा है... पूरे? नहीं! अजेय गॉलवासियों का एक ऐसा गाँव है जो अब भी हमलावरों के विरुद्ध जमकर डटा हुआ है, और जिन्होंने तकरारम, झकमारम, ललकारम तथा कपिघुड़कम जैसी किलाबंद छावनियों के रोमन सैनिकों की नाक में दम कर रखा है...

ऐस्ट्रिक्स, इन साहसिक अभियानों का नायक। इस चालाक, चतुर और नाटे क़द के योद्धा को बेझिझक सभी ख़तरनाक कार्य सौंपे जाते हैं। ऐस्ट्रिक्स अपनी अतिमानवीय शक्ति ओझा औषधिक्स के जादुई काढ़े से प्राप्त करता है...

ओबेलिक्स, ऐस्ट्रिक्स का अभिन्न मित्र। शिला–स्तम्भों के इस पेशेवर वितरक को जंगली सूअर खाने और ज़बर्दस्त लड़ाई करने की लत है। ओबेलिक्स सब कुछ छोड़–छाड़ कर ऐस्ट्रिक्स के साथ एक नए अभियान पर चल पड़ने को हमेशा तैयार रहता है। उसके साथ होता है, अड़ियलिक्स, हमारी जानकारी के अनुसार एकमात्र पर्यावरणविद् कुत्ता, जो किसी भी पेड़ के काटे जाने पर हताश होकर बिलखने लगता है।

औषधिक्स, गाँव के वयोवृद्ध ओझा, जो अमरबेल बटोरते हैं और जादुई काढ़ा बनाते हैं। उनकी सबसे बड़ी उपलब्धि है वह काढ़ा जो पीने वाले को अतिमानवीय ताकत प्रदान करता है। लेकिन औषधिक्स के पिटारे में और भी कई नुस्खे हैं...

अंत में, गोलमटोलिक्स, गाँव के मुखिया। राजसी, वीर और गुस्सैल, इस दिग्गज योद्धा के साथी उनका सम्मान करते हैं और दुश्मन उनसे भयभीत रहते हैं। गोलमटोलिक्स को केवल एक ही बात का डर है : कहीं कल आसमान उनके सिर पर न टूट पड़े, मगर जैसा उनका खुद का कहना है : "कल कभी नहीं आता!"

बेसुरतालिक्स, गाँव का गवैया। उसकी प्रतिभा के बारे में लोगों की राय विभाजित है : वह सोचता है कि वह अत्यंत प्रतिभाशाली है, बाकी सबकी राय कुछ और ही है। लेकिन जब तक वह मुँह नहीं खोलता, लोग उसका साथ बेहद पसंद करते हैं...

किलाबंद रोमन छावनी कपिघुड़कम में शांति का राज है...
♪♫
?!
खर्र्र्र्र

लेकिन...
हे शतपति सरस तरबूजस! आपसे मिलने रोम से एक प्रमुख अधिकारी पधारे हैं!
अच्छा?

जय हो! मैं महानिरीक्षक कमलगट्टस, उच्चाधिकारी हूँ, जूलियस सीज़र का विशेष दूत!
जय हो!

अह... स्वागत है... और सीज़र कैसे हैं?
...कसम जूपिटर की, एकदम पक चुके हैं! इसीलिए मुझे यहाँ आना पड़ा! पूरा गॉल रोमन छत्रछाया में शांति से जी रहा है, सिवाय तुम्हारे इलाके के इस नन्हें से विद्रोही गाँव के, जो सीज़र की शक्ति को ठेंगा दिखा रहा है!

ह... हाँ तो?
तो, मेरे आदेश पर, हम इस गाँव पर हमला करके उन्हें रास्ते पर ले आएँगे!

लेकिन... लेकिन ये गॉल बड़े भयंकर हैं! इनके पास जादुई ताकत है...
ना ना ना ना ना! मुझे कुछ नहीं सुनना! सभा का बिगुल बजाया जाए!

सैनिको! गॉलवासियों के गाँव पर भाले* बरसाने की तैयारी की जाए !
गॉलवासियों का गाँव?!
*रोमन सैनिकों का भारी भाला!

इसके तुरंत बाद...
तुम लोगों को भाला उठाना भारी पड़ रहा है?
चिकित्सा शिविर
मगर... अगर भाला उठा लिया तो ज़रूर भारी पड़ जाएगा...

गॉलवासियों के गाँव में भी शांति का राज है... लेकिन यह बात कुछ लोगों के गले नहीं उतर रही...
अरे एस्ट्रिक्स... रोमनों ने हमारे ऊपर हमला करना बंद कर दिया है... कहीं वे हमसे नाराज़ तो नहीं हो गए?
हुँह, चिंता की कोई बात नहीं... अपने शिला–स्तंभ पहुँचा लो, फिर चलते हैं जंगली सूअर के शिकार पर...

और जल्द ही, जंगल में...
क्या हम रोमनों को कुछ लिखें–विखें?...

हम उन्हें समझा सकते हैं कि...
श्श्श!
कायरों की जमात! तुम मुझे यह यकीन दिलाना चाहते हो कि मुट्ठी भर गॉलवासी तुम्हें नाकों चने चबवा सकते हैं?!!!

इतना शोर मत मचाओ हे कमलगट्टस, वरना तुम पूरे मुट्ठी–भर को चौकन्ना कर दोगे!
ये तो रोमन हैं!!!
बढ़िया!

चलो, गाँव मे सबको सावधान करें!
किस खुशी में? हम इनका हिसाब–किताब खुद ही बराबर क्यों न कर लें? बाकी सबको क्या परेशान करना...

ओबेलिक्स, तुम बहुत स्वार्थी हो! दूसरों को भी कुछ मज़ा लूटने दो! रोमनों पर सभी का हक बनता है।

तो चलो!
घुमा–फिरा के फिर वही बात! यह तो अन्याय है, घोर अन्याय, सरासर अन्याय... अगर उन्हें रोमन चाहिए तो खुद जाकर क्यों नहीं ढूँढ लेते!
फटाक!

कुछ देर बाद...
अरे! ओ! धक्कामुक्की बंद! सबकी तरह कतार में लगो!
धक्का मत मारो... सबको अपना–अपना हिस्सा मिलेगा।
ज़्यादा से ज़्यादा तीन या चार हरेक के लिए... एस्ट्रिक्स, क्या तुम मुझे अपने वाले उधार दोगे?
चलो! तुम लोग किस इंतज़ार में खड़े हो? टूट पड़ो! चलो भी, टूट पड़ो!
माँSSS!

गॉलवासियों तथा रोमनों के बीच अचानक एक हिंसक मुठभेड़ होती है...
खचाक!
चटाक!
तड़ाक!
कसम जूपिटर की!
चमाट!
कसम तूनातिसकी!
दया करो!
टन्नन
चटाऽऽक!

ओ स्वचालित लोहारिक्स, मैंने कहा न, यह वाला मेरा है!
नहीं महोदय! बिलकुल नहीं! तुम पहले ही चार निपटा चुके हो! मैं सारा हिसाब रख रहा था!

झगड़ना बंद करो, वे जा रहे हैं!
?!?

नहीं! अरे नहीं! वापस आओ! सुनो तो, वापस आओ!...
अगर मेरे लायक कोई और सेवा नहीं हो तो क्या मैं भी निकलूँ?

और कपिघुडकम में वापसी पर...
चिकित्सा शिविर
अगर पिट–पिटाकर वापस यहीं आना था तो वहाँ जाने की ज़रूरत ही क्या थी?

मैंने तो आपको पहले ही बता दिया था, कमलगट्टस!
हुँहफुँह हुँहफुँह हुँहफुँह! हुँहह, फुँहह, हुँहह!!!

क्योंकि पानी नाक तक आ चुका है, तो मेरे पास एक और तरकीब है; अगर हम इन गॉलवासियों को हरा नहीं सकते तो हम उन्हें अलग–थलग कर देंगे!

और जल्द ही...
हमारे इस महान निर्माण का बखान सदियों तक होगा!
सच कहा!

ओ गोलमटोलिक्स जी, हमारे मुखिया, रोमन गाँव के चारों ओर एक जंगला बना रहे हैं!
अच्छा, किस खुशी में? चलो, चलकर देखें...

ये रोमन पागल हैं!

कसम मिनर्वा की, क्योंकि तुम लोग इतने चालाक बनते हो, मैं तुम्हें तुम्हारे ही गाँव में बंद कर रहा हूँ! अब तुम खुले सांड की तरह पूरे गॉल में अपना बुरा असर नहीं फैला सकोगे!

गाँव में जो भी मिलता है उसी से गुज़ारा करना पड़ेगा और देखना, कोई तुम्हें याद तक नहीं रखेगा!

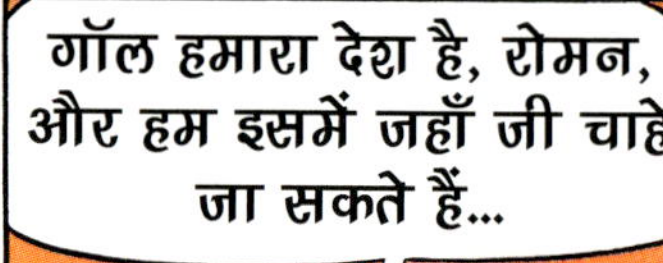
गॉल हमारा देश है, रोमन, और हम इसमें जहाँ जी चाहे जा सकते हैं...

चलो शर्त लगीः हम तुम्हारे इस जंगले और सैनिकों के बावजूद गाँव से बाहर भी निकलेंगे, और पूरे गॉल की यात्रा भी करेंगे!

हर जगह की विशेषताओं के साथ वापस लौटेंगे! और लौटने पर हम तुम्हें एक दावत पर बुलाएँगे, यह साबित करने के लिए कि हम गप नहीं मार रहे थे!...
हा हा हा हा हा! हुँह फुँह हुँह फुँह!

शर्त मंजूर है, ओ गॉलवासियों! और अगर तुम जीत गए तो मैं यह जंगला गिरा दूँगा और वापस रोम जाकर जूलियस सीज़र के सामने अपनी हार मान लूँगा!
वहाँ पहुँचने पर हमारे पुराने यार अकड़स मूठस से हमारी नमस्ते कहना मत भूलना!

दुश्मन पर एक आँख जमाए रखना!
एक आँख ही हो पाएगी... दूसरी वाली तो मैं अभी तक खोल ही नहीं पा रहा!

हमें यह रास्ता लेना है...

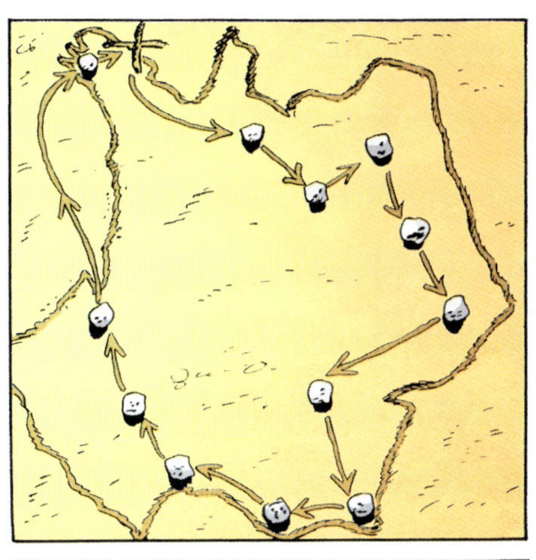

एस्ट्रिक्स, इतनी लम्बी और खतरनाक यात्रा तय करने में जादुई काढ़े की ये थैली तुम्हारे बहुत काम आएगी!
धन्यवाद, ओ औषधिक्स जी, हमारे ओझा!

क्या मैं एक शिला–स्तंभ ले चलूँ, एस्ट्रिक्स? क्या पता कब काम आ जाए।
नहीं नही! जाकर एक बड़ा–सा झोला ले आओ, गॉल के विभिन्न शहरों से ख़रीदी खाने–पीने की चीज़ें रखने के लिए।

ओ गोलमटोलिक्स जी, हमारे मुखिया, अच्छा रहेगा अगर आप दक्षिण दिशा में हमला करें और हम उत्तर दिशा से खिसक जाएँ!
हम पर भरोसा रखो, एस्ट्रिक्स!

चलो, ओबेलिक्स, मेरे यार!
पहले तुम, एस्ट्रिक्स!

और गॉल–यात्रा के लिए ऐसे हुई उनकी महा–विदाई!
एक छोटा सा गाना...
नहीं महोदय! बिलकुल नहीं! हरगिज़ नहीं!

अच्छा, यह सब छोड़ो चलो दक्षिण दिशा में रोमनों पर हमला करें!

और कुछ देर की लड़ाई के बाद...
दया करो! दया करो! दया करो!
ठीक है! चलो, अब गाँव वापस चलें! हमारे दोस्त उत्तर दिशा से जंगले के पार निकल गए होंगे, और बहुत देर भी हो गई है।
चटाक! धम्म! धाम्म!

उत्तर दिशा में जंगले में दरार है! यह हमला तो बस हमारा ध्यान बटाने के लिए था!
ध्यान बटाने के लिए? इसे ध्यान बटाना कहते हैं?

उधर गॉलवासी हमपर दक्षिण दिशा में हमला कर रहे थे, इधर उनमें से कुछ, संतरी की धुनाई करके यहाँ से चंपत हो गए।
काश हमें पता होता वे कौन थे!
सब कहते थे... फौज में रहोगे तो मौज करोगे... दुनिया घूमोगे...

इसमें क्या मुश्किल है! ये ज़रूर एस्ट्रिक्स और ओबेलिक्स ही होंगे। इन दोनों को तो बस हमारा मज़ाक उड़ाने का मौका मिलना चाहिए... और, याद कीजिए आपसे शर्त लगाने वाला भी तो एस्ट्रिक्स ही था...

वे ज़्यादा दूर नहीं पहुँचे होंगे! पूरे गॉल को सावधान कर दिया जाए! एक घुड़सवार हरकारा तुरंत रवाना किया जाए!
अगर वे यह शर्त जीत गए, तो पूरा गॉल हमारी खिल्ली उड़ाएगा!

इसी बीच...
अब से लेकर उनके खतरे की घंटी बजाने तक, शायद हम रोटोमागस* पहुँच चुके होंगे।
रुओं*

और वहाँ से नदी के रास्ते हम पहुँच जाएँगे लुटीशिया, हमारा पहला पड़ाव।
वहाँ देखो! सड़क पर एक रोमन सैनिक घोड़े पर जा रहा है।

एक लंबी पैदल-यात्रा के बाद...
क्या रोटोमागस, उस तरफ़ है?
हो भी सकता है।

दूर है क्या?
नहीं भी हो सकता है।

हो भी सकता है, ओबेलिक्स, कि हम आ पहुँचे हैं।
रोटोमागस

ठहरो!
?!?

एक छोटू और एक मोटू!
यही हैं वे भगोड़े!
पकड़ लो इन्हें!

मोटू? कौन मोटू?
ख़तरे की घंटी बज चुकी है! वह रोमन घुड़सवार ज़रूर एक हरकारा रहा होगा!
रुक जाओ! सीज़र के नाम पर!

गलियों की इस भूल–भुलैया में हम उन्हें कैसे ढूँढ़ पाएँगे?

क्या तुमने दो आदमियों को इधर से जाते देखा?
मैं यह नहीं कह रहा कि ऐसा हो नहीं सकता, लेकिन मैं हाँ भी नहीं कर रहा...

या तो वे इस रास्ते गए, या नहीं भी हो सकता...
?

हो भी सकता है कि...?
नहीं भी...
मैं कह नहीं सकता...

क्या इन रोमनों ने तुमसे पूछताछ की?
हो भी सकता है...

अब हम क्या करें, एस्ट्रिक्स?
ज़रा उधर देखो!

चलो तैरकर उस नौका तक पहुँचें, ओबेलिक्स! यह लुटीशिया जा रही है!

लुटीशिया तक की ये सैर कितनी लुभावनी है न, प्रियतमा जलेबिया?
अ'जी हाँ, प्रियतम मालपुअस!

इजाज़त है?

कृपया इस नौका से तुरंत उतर जाएँ! मैंने इसे अपनी शादी की वर्षगांठ मनाने के लिए किराये पर लिया है। मुझे कोई अनचाहा मेहमान नहीं चाहिए!

ओह, प्रियतम इन्हें आने भी दो न! बेचारे!
मान भी जाओ रोमन, अपनी पत्नी जैसे दिलवाले बनो!

मुसीबत यह है कि नौका बहुत धीरे चल रही है... तुम्हारे पास चप्पू नहीं हैं क्या?
नहीं। यह एक पाल-वाली नौका है।

अगर मैं इसे धक्का दूँ, एस्ट्रिक्स? तुम पतवार पकड़ लेना...
शाबास, ओबेलिक्स! यह हुई न अक्लमंदी और काम की बात!
पक्क!

नहीं! नहींssss! तुम तो इस रोमानी सैर का सारा मज़ा किरकिरा कर रहे हो...

नौकाओं के पिछवाड़े में लगी ये मोटरें चैन से मछली भी नहीं पकड़ने देतीं!

अब तुम रुक सकते हो, ओबेलिक्स, हम लुटीशिया पहुँच गए हैं।

ज़्यादा थके तो नहीं?
अरे नहीं, नाव चलाना तो मेरे बाएँ हाथ का खेल है!

लुटीशिया में चिंता करने की कोई ज़रूरत नहीं। इस भीड़-भड़क्के में रोमन हमें ढूँढ नहीं पाएंगे...

ये लो, ये अभी भी वहीं अटके हुए हैं जहाँ पिछली बार* थे।
अरे चलो, चलो भी!
चलो, बोल रहे हैं तो बढ़ते क्यों नहीं!
तू ही बता मैं कहाँ जाऊँ, मेरे बाप?
मुझे यहाँ दो दिन हो गए!
लो और सुनो! ये नए आए हैं!
*देखिए एस्ट्रिक्स और सोने की दराती

सही तो कह रहा है, ये छकड़े कहीं भी घुस जाते हैं!
हम थोड़ी-सी रान खरीदेंगे। लुटीशिया रान के लिए मशहूर है!

नाना प्रकार के माँस

हाँ, एक पूरी रान, और ज़्यादा पतली मत काटना...
दिखता नहीं, अपनी बैलगाड़ी हटाओ! सारी सड़क घेर रखी है!

तो क्या हुआ? दिखता नहीं मैं काम कर रहा हूँ?
वह देखो, एक गश्ती-दल आ रहा है! देखते हैं उनका क्या कहना है!
एक गश्ती-दल! भाग चलो!

अपने अगले पड़ाव तक पहुँचने के लिए हमें एक सवारी चाहिए...

पुराने रथ
क्या आप पुराने रथ ढूँढ रहे हैं, महोदय? मेरे पास एक बहुत अच्छा और अनोखा सौदा है!

एकदम नए जैसा, यह एक बुजुर्ग महिला का था, मानो जिसने इसका इस्तेमाल ही नहीं किया! ज़रा घोड़े की खाल का चमचमाना तो देखिए! रथ का ढाँचा और बनावट तो देखिए! इस रथ को बहुत कम दौड़ाया गया है। एकदम सुनहरा सौदा है!

ठीक है, ज़रा जल्दी में हैं। हम यह अजूबा ले लेते हैं!
आपको पछताना नहीं पड़ेगा...

लुटीशिया से बाहर निकलते ही...
और बारिश भी होने लगी है...
घोड़ा दिखने में अच्छा है लेकिन ज़्यादा तेज़ नहीं चलता...

हमारे घोड़े की तो कलई उतर गई!

पहिया!
ढ़ाँग!

मरम्मत
पता है, एस्ट्रिक्स, मुझे लगता है हम ठगे गए!
किस्मत हमारे साथ है... एक मरम्मत-रथ आ रहा है!

अरे... देखो तो! ज़रूर तुम ही वे गॉलवासी हो जिन्हें मेरे सभी साथी ढूँढ रहे हैं! गश्त–दलों ने हम लोगों को चेतावनी दी थी कि...
मरम्मत
टूटस्य फूटस्य
!

धाम्म!

क्यों न हम अपना रथ इसे दे दें और इसका रथ हम ले लें...
ऐसा ही ठीक रहेगा...

हमारा अगला पड़ाव क्या है?
मरम्मत
टूटस्य फूटस्य
कमारकम*... और यात्रा खतरनाक होती जा रही है। हम दोनों के बारे में सबको ख़बरदार कर दिया गया है!
*कॉम्ब्रे

कमारकम की क्या विशेषता है?
बेवकूफ़ियाँ।

ओ? मैं विनम्रता से इससे कुछ पूछ रहा हूँ और ये...
तुम समझे नहीं! ये बहुत स्वादिष्ट हैं... खैर, खुद ही देख लेना... हम पहुँच गए हैं।

अरे, ये तो सच में मिल रही हैं। और तो और लगता है इन्हें इस पर बहुत गर्व है।
मरम्मत
टूटस्य फूटस्य
कमारकम की बेवकूफ़ियों के लिए
आ रहे हो ओबेलिक्स?
इधर, कमारकम की असली बेवकूफ़ियाँ

सज्जनों?
हमें थोड़ी बेवकूफ़ियाँ चाहिए!

गॉलवासियों! ये होंगी तुम्हारी आखिरी बेवकूफ़ियाँ!

आखिर लल्लालोरिस ने पकड़ ही लिया न गॉलवासियों! मुझे बड़ा इनाम मिलेगा!
तुमने हमें सिर्फ़ देखा है, पकड़ा नहीं लल्लालोरिस, ज़रा पकड़ने की कोशिश तो करो!
ये एक बड़ी बेवकूफ़ी करने वाला है...

टप्प! ढिस्स!
ढास्स!
इधर, कमारकम की असली बेवकूफ़ियाँ

माफ़ करना, हमने तुम्हारी मिठाई की दुकान का हलवा बना दिया...
कोई बात नहीं, एक गॉलवासी को दूसरे गॉलवासी के काम आना ही चाहिए! हमें तुम्हारी शर्त के बारे में पता है...

निकल पड़ो! हमारी शुभकामनाएँ तुम्हारे साथ हैं! मैं इन रोमन सैनिकों को जितनी देर रोक सकूँ रोकने की कोशिश करूँगा...

शुभ–यात्रा!
कमारकम की बेवकूफ़ियों के लिए धन्यवाद! फिर मिलेंगे!

धाड़!

लल्ला–लल्ला लोरिस, बंधा बिस्तरा बोरिस
टूट गई सब आशा,
तेरा बना तमाशा

देखो! आगे मोर्चाबंदी कर रखी है!

अरे तुम लोगों ने बड़ी देर लगा दी!!!
?!?

हम उन दो भगोड़े गॉलवासियों का पीछा कर रहे हैं और मेरा एक पहिया इन कमबख्त पत्थरों से टकराकर टूट गया। मेरा साथी घोड़े लेकर तुम्हें चेतावनी देने गया है...
हमें चेतावनी... हाँ, हाँ, बिलकुल सही किया!...

क्या तुम इस रोमन की मदद करोगे जो हमारे पीछे पड़ा है?
हाँ, बिलकुल! उसने हमें पहचाना नहीं, और वही हमें आराम से यह मोर्चाबंदी पार कराएगा!

अब अपने रथ पर सवार हो जाओ, और किसी चीज़ की चिंता मत करो। आपके साथी ने कहा था कि उसकी प्रतीक्षा करने की कोई ज़रूरत नहीं!
अच्छा? ठीक है।
काश इसे पता होता कि ये हमें ही ढूँढ रहे हैं!

ठहरो!
ही ही ही ही ही ही ही ही!
ओबेलिक्स, तुम सारा खेल बिगाड़ दोगे!

हमें जाने दो शब्दकोशस! ये दोनों तो रथ जोड़ने वाले आदमी हैं।
ओह? मैंने तुम्हें देखा नहीं था, सैंकड़सबहानस... ठीक है, जाओ!
हाहीहीहीही!
ओबेलिक्स, अपने ऊपर थोड़ी देर और काबू रखो!

हा हा हा हा! हो हो हो हो हो! हा हा हा हा!!
चटाक!
ई ई ई ह, इतनी तेज नहीं! कहाँ भागे जा रहे हो? रुकजाओ!!!

मैं इसकी बकबक से तंग आ चुका हूँ।
मैं भी, इसकी वजह से हमें देर हो रही है!
नहीं...S.S.S! मत तोड़ो! मत तोड़ो!
तड़ाक!

मैं तुम्हें देख लूँगा, गॉलवासियों! देख लूँगा!
हम अपने अगले पड़ाव, दयूरोकोरतोरम* के पास पहुँच रहे हैं।
*रैंस

हम क्या मदिरा खरीदेंगे?
तुमसे कुछ भी छुपा पाना नामुमकिन है, ओबेलिक्स!
मदिरा
दयूरोकोरतोरम की
हमारे सुरागार में पधारें

हम यह रथ यहीं छोड़ देते हैं। ये कुछ ज़्यादा ही भड़कीला है।
मदिरा
मदिरा
मदिरा

हमें दयूरोकोरतोरम में ज़्यादा देर नहीं रुकना चाहिए। हमारा पीछा करने वाले लोग बहुत दूर नहीं होंगे...
मदिरा

तुम्हारे पास बढ़िया मदिरा है?
मज़ाक कर रहे हैं क्या! मदिराओं में मदिरा है! यह बुलबुलों वाली है और लोग इसे शानदार अवसरों के लिए ख़रीदते हैं, जैसे जहाज़ों के जलावतरण पर...

तुम्हें भोंडी चाहिए या सूखी, आधी–सूखी या मीठी?
?!?
?!?

चुनने में दिक्कत हो रही है? तो क्यों नहीं आप सबकी एक–एक सुराही ले लेते?
जैसा कहो!

और ज़रा डाटों का ध्यान रखना। आसानी से उड़ जाती हैं।
मदिरा

?!?
हमारा सामना फिर से हो गया, गॉलवासियों! और इस बार मुझे पता है तुम कौन हो! एक कदम आगे मत बढ़ना नहीं तो मेरा भाला अपने सीने में खाओगे!

एक सुराही पकड़ाना।
भोंडी?

भोंडी!
पक्क!
पटाक!

भोंडे!

हमें सड़क नहीं लेनी चाहिए, ओबेलिक्स। चलो जंगलों के बीच–बीच से चलें।

और जल्द ही...
मुझे भूख लगी है, एस्ट्रिक्स... और ये झोला खाने–पीने की इतनी चीज़ों से भरा पड़ा है...
इन्हें हाथ तक मत लगाना, ओबेलिक्स! ये सब सामान हमें गाँव में होने वाली दावत के लिए ले जाना है।

एस्ट्रिक्स! यहाँ से भुने हुए जंगली सूअर की महक आ रही है!!!
सूँ! सूँ!
?!?

उधर से आ रही है!
कभी–कभी हैरानी होती है कि तुम्हारी नाक क्या–क्या सूँघ निकालती है, कसम तूतातिस की!

ओबेलिक्स, बेहतर होगा कि हम कुछ जड़ें खा लें...
जड़ें जंगली सूअरों के लिए ठीक हैं, और जंगली सूअर हमारे लिए, और इसी में सबकी खुशी है, तो आओ चलें!

मैं ज़रा खटकाता हूँ!
नहीं ओबेलिक्स! मत करो!

तुम्हें कितनी बार बताना पड़ेगा कि दरवाज़े मत खटकाया करो!
मैं भूल गया था...
ये क्या...

अरे, ये तो वही दोनों गॉलवासी हैं जिन्हें रोमन हर जगह ढूँढ रहे हैं!... एक छोटू और झोला लिए एक मोटू!...

मेरा दोस्त और मैं सोच रहे थे क्या आप हमें खाने के लिए कुछ दे सकते हैं?... हम कीमत देने को तैयार हैं!
आइए, अंदर आइए! आप मेरे मेहमान हैं! अपने देशवासियों की मदद करने में मुझे बहुत खुशी मिलती है। मेरा तो नाम ही चारसौबीसिक्स है।

सच में, हमें लग रहा है हम आपका नाजायज़ फ़ायदा उठा...
मुझे लग रहा है मैं थोड़ा और नाजायज़ फ़ायदा उठाऊँगा...
खाइए, खाइए! रोमन इस भोजन के लिए मुझे अच्छी–खासी रकम देंगे!

आह! इतना बढ़िया खाना खाने के बाद थोड़ी–सी झपकी तो लेनी ही चाहिए!
बिलकुल लीजिए, खाना हज़म कीजिए; मुझे किसी काम से बाहर जाना है...

तुम झपकी नहीं ले रहे, ओबेलिक्स?
नहीं, मैं ज़रा बाहर का चक्कर लगाकर एक और जंगली सूअर ढूँढता हूँ। मेरा पेट अभी–भी पूरा नहीं भरा...

इसी बीच...
आखिर हूँ तो मैं चारसौबीस ही, और इसमें हर्ज़ भी क्या है! यह सब मैं मुफ़्त में नहीं कर रहा! माल कमाने के लिए ही तो कर रहा हूँ!

रुको, गॉलवासी! क्या चाहते हो?
अपने सरदार के पास ले चलो, मुझे कुछ ख़ास खुलासा करना है!

जिन दो गॉलवासियों को आप ढूँढ रहे हैं, मैं उन्हें आपके हवाले करने आया हूँ, वे इस वक्त मेरी कुटिया में हैं।
अगर तुम्हारी बात सच निकली तो तुम्हें दो सौ मुद्राएँ दी जाएँगी। अगर नहीं तो तुम्हें दो सौ कोड़े मारे जाएँगे।

मेरी बात पर शक़ करने का आपको कोई हक़ नहीं। आखिर मेरी भी कोई इज़्ज़त है!
रास्ता पकड़ो, सैनिकों! हमें काम है!

और जल्द ही...
ये लोग वहाँ अंदर हैं... अह, बेहतर होगा कि मैं खुद यहाँ पर छुप जाऊँ ताकि आपके काम में कोई अड़चन न आए!
चारसौबीसिक्स, जैसा नाम वैसे गुण!

और...
?!
ज़रा भी हिले तो मारे जाओगे, गॉलवासी!!!

थोड़ा–सा जादुई काढ़ा पीने तक का मौका नहीं मिला!

यह लो, चारसौबीसिक्स, तुम्हारा इनाम : सौ मुद्राएँ!
सौ? मगर बात तो दो सौ की हुई थी!

दो सौ दो गॉलवासियों के लिए! लेकिन यहाँ तो एक ही है!
क... क्या? एक ही??

बेहतर रहेगा कि दूसरे वाले के वापस आने से पहले ही मैं रफूचक्कर हो जाऊँ!

ओऽ! एस्ट्रिक्स! मैं आ गया!
!!!

देखो मुझे क्या मिला, एस्ट्रिक्स! चाहो तो तुम भी थोड़ा ले सकते हो!

लेकिन, एस्ट्रिक्स है कहाँ?
म... मुझे नहीं पता... तुम्हारा दोस्त चला गया... मैं भला उसे क्यों रोकता...

एस्ट्रिक्स मेरे बिना कभी नहीं जाएगा! कहाँ है वह?
दयाऽऽ करोऽऽ! अभी बताता हूँ!

ज... जैसा मेरा नाम वैसा मेरा काम और मैंने एस्ट्रिक्स को रोमनों के हाथ बेच दिया और वे उसे पास के एक सेना शिविर वाले शहर में ले गए हैं...

उस शहर का क्या नाम है?
दिवोद्युरम।

क्या मज़ाक है? मुझे कोई रम–वम नहीं चाहिए! बस शहर का नाम चाहिए।
दिवोद्युरम* ही है शहर का नाम! पूर्वी दिशा में!
*मॅट्ज़

मैं फिर कभी अपने देशवासियों के साथ चारसौबीसी नहीं करूँगा, कमाई तो अच्छी है, मगर धुनाई का भी खतरा है...

...और ऐसी नीयत का क्या फ़ायदा।

ये रहा... एक छावनी शहर,
जैसा उसने कहा था...
दिवोद्युरम

एस्ट्रिक्स को ज़रूर ही जेल ले जाया गया होगा। तो जेल को ढूँढने और उसमें घुसने का सबसे बढ़िया तरीका यह होगा कि मैं खुद को ही बंदी बनवा लूँ...

जैसे ही एक सैनिक आएगा, थप्प, मैं उसे थोड़ा थपथपा दूँगा और वह मुझे जेल ले जाएगा... यह आया एक बांका-सा!

चमाट!
तो फिर?... मुझे गिरफ़्तार कर लो! जेल ले चलो!

ओSSS! मुझे जेल ले चलो! मैंने एक सैनिक को पीटा है!

जल्दी! सैनिक को वहीं छोड़ दो और छुप जाओ, वरना रोमन तुम्हें बंदी बना लेंगे!
मगर मैं तो खुद ही बंदी बनना चाहता हूँ! मैं जेल ही ढूँढ रहा हूँ!

अच्छा? तो फिर अगर तुम्हें जेल ही चाहिए तो दाएँ से तीसरे मोड़ पर पड़ेगा।
धन्यवाद!

क्या ये तुम्हारा साथी है! इसे मैंने ही धूल चटाई है। तुम मुझे अंदर नहीं करोगे?
?!??

ओबेलिक्स!
तो तुम यहाँ हो! तुम्हें ढूँढने में मुझे कितनी परेशानी उठानी पड़ी। चलो, अब यहाँ से निकलें।

मुझे थोड़ा-सा जादुई काढ़ा पीने के लिए दो। थैली मेरी बेल्ट पर टंगी है।
ठीक।
थप्प!

घुट्ट! घुट्ट! घुट्ट!

पटाँग!
कभी-कभी मुझे लगता है कि अगर इस जादुई काढ़े का व्यापार करें तो बहुत मुनाफ़े में रहेंगे!

चलो, चलें!

नहीं! दरवाज़े को छोड़ दो!
आऽऽह!
धड़ाम!
पर तुम्हारा कोई अधिकार नहीं!
क्या आप चाहते हैं...
अंदर क्या हलचल मची है?

फटाक!

लो! मैं अपना खरीदारी के सामान वाला झोला तो कोठरी में ही भूल आया! अब उसके लिए वापस जाना पड़ेगा!
तुम्हारा दिमाग कहाँ रहता है!... जल्दी करो!
चटाक!

संभलकर! वह वापस आ रहा है!
नहीं! दरवाज़ा नहीं!
आऽऽह!
धड़ाम!
अरे, अब तो हमें हमारे हाल पर छोड़ दो!!!

यह लो!
यहाँ से कोई भी विशेषता खरीदने के लिए अब देर हो चुकी है। इसकी भरपाई हम अपने अगले पड़ाव लुगदुनम* में करेंगे।
*लियों

क्या लुगडुनम अभी-भी दूर है?
हाँ, हमें किसी सवारी की ज़रूरत पड़ेगी।
डाक घर

देखो, ओबेलिक्स!

जल्दी, ताज़ा घोड़े लाओ! मैं लुगदुनम तक सरकारी डाक ले जा रहा हूँ और जल्दी में हूँ।
घर

क्या किस्मत खुली! जल्दी चढ़ो!...

रास्ता पकड़ो!
तड़ाक!

अरे आप लोग कौन हैं?...

क्यों न हम कुछ ले-देकर...
नहीं, सवाल ही पैदा नहीं होता! आप लोग मेरी गाड़ी से इसी वक्त उतर जाइए!

वह अपनी शामत खुद ही बुला रहा था!...
सच में क्या?

ये वादा रहा कि लुगदुनम के डाकिये और डाकुओं की कहानी खत्म होनी अभी बाकी है, मेरे दोस्त!

इसी बीच अपने महल में लुगदुनम के उच्चाधिकारी ने अपने करीबी सहयोगियों को इकट्ठा किया है...
मुझे मालूम है कि दो विद्रोही गॉलवासी गॉल की यात्रा पर हैं... उन्हें यहीं रोक लेने के लिए मैं तुम पर भरोसा कर रहा हूँ!
बिलकुल, हे पूरीखबरस!

उच्चाधिकारी पूरीखबरस उन दो गॉलवासियों को यहाँ आने पर बंदी बनाने की ताक में हैं!
तुम महल वापस जाओ। हम निगरानी रखेंगे!

इसी बीच...
हम इस डाक-गाड़ी को यहीं छोड़कर पैदल ही आगे जाएँगे। समझदारी इसी में है।
लुगदुनम

मुझे इस रोमन को यहाँ छोड़ना अच्छा नहीं लग रहा। इससे बहुत लगाव हो गया है।
इसे इसके हाल पर छोड़ दो कोई न कोई इसे इसके पते पर पहुँचा ही देगा।

शहर में कड़ा पहरा है... सैनिकों ने हर जगह मोर्चाबंदी कर रखी है!
कहीं ये किसी की इंतज़ार तो नहीं कर रहे?

चलो! धावा बोलें!!!
मोर्चाबंदी तोड़ने का अंजाम जानते हो?!!

सावधान! सावधान!
बात कुछ बिगड़ रही है!
किसके लिए?

हुश्त! जल्दी! अंदर, यहाँ!
?!

मैं आज़ादिक्स हूँ, शहर का खुफ़िया मुखिया। आप हमारे देशवासी हैं और हम आपकी शर्त के बारे में जानते हैं। हम आपकी मदद करेंगे रोमन गढ़सेना को कुछ घंटों के लिए उलझाकर...
ऐसा कैसे कर पाओगे?
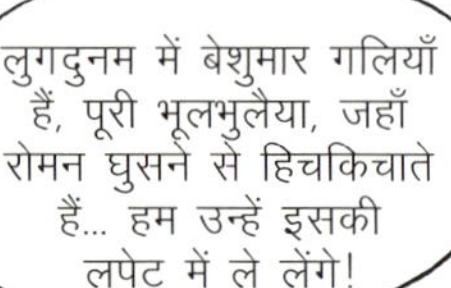
लुगदुनम में बेशुमार गलियाँ हैं, पूरी भूलभुलैया, जहाँ रोमन घुसने से हिचकिचाते हैं... हम उन्हें इसकी लपेट में ले लेंगे!

मेरे लिए यहीं प्रतीक्षा करो!...

तुम क्या चाहते हो, गॉलवासी?
उच्चाधिकारी से मिलना चाहता हूँ! मेरे पास बहुत ही महत्वपूर्ण ख़बर है।

तुम जानते हो वे दो भगोड़े कहाँ हैं? शाबाश! तुम हमारी गढ़सेना को रास्ता दिखाओगे!

और जल्द ही...
इस गिरफ़्तारी के लिए सीज़र मुझे इनाम देंगे!

?!

अरे! इतनी तेज़ी से नहीं!!!

कसम वलकॅन की! तुम कहाँ हो, गॉलवासी?!...

यहाँ!
?!?
यहाँ!
यहाँ!
यहाँ!
यहाँ!
यहाँ!

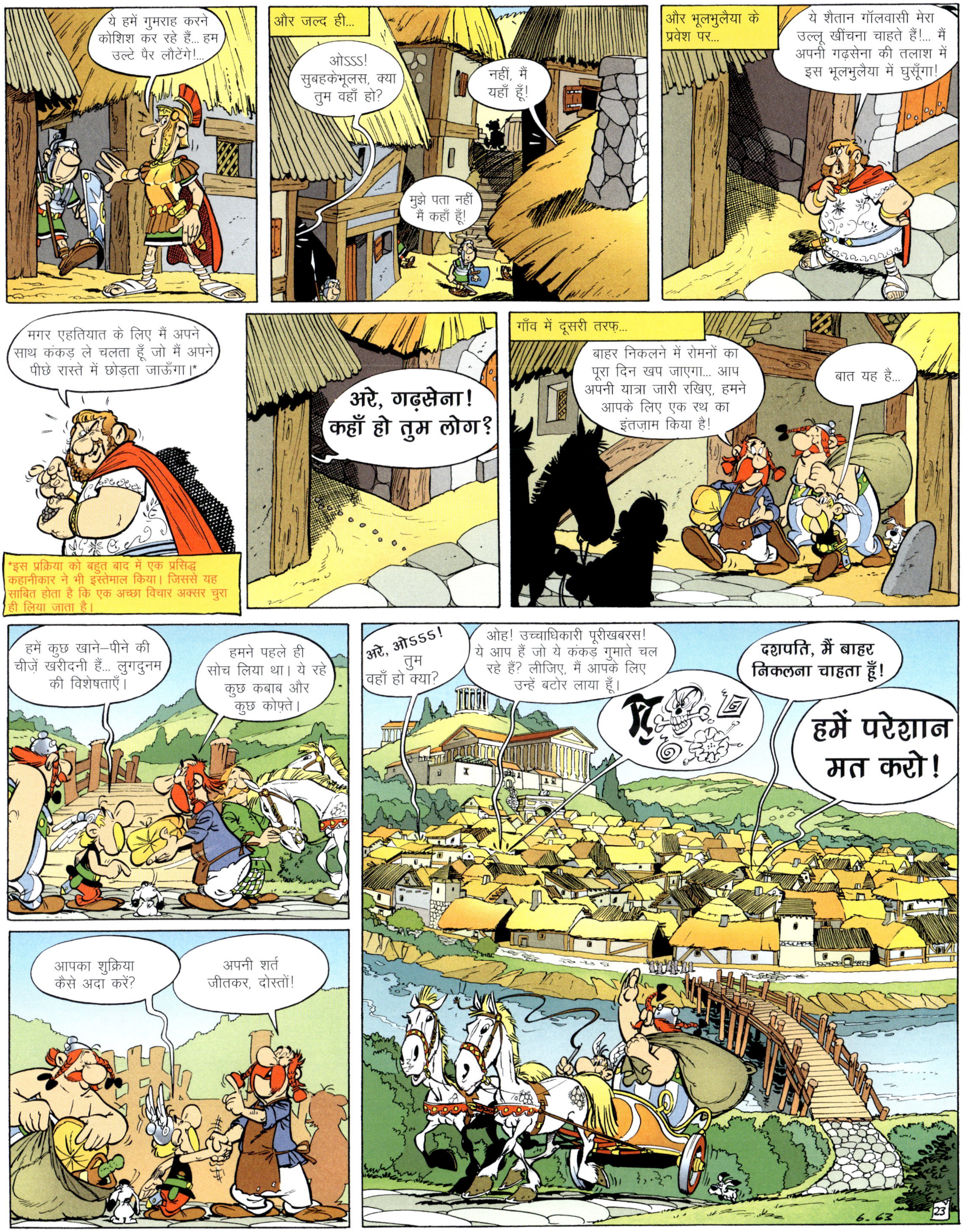

*इस प्रक्रिया को बहुत बाद में एक प्रसिद्ध कहानीकार ने भी इस्तेमाल किया। जिससे यह साबित होता है कि एक अच्छा विचार अक्सर चुरा ही लिया जाता है।

हमें कुछ खाने-पीने की चीज़ें खरीदनी हैं... लुगदुनम की विशेषताएँ।

हमने पहले ही सोच लिया था। ये रहे कुछ कबाब और कुछ कोफ़्ते।

आपका शुक्रिया कैसे अदा करें?

अपनी शर्त जीतकर, दोस्तों!

अरे, ओऽऽऽ! तुम वहाँ हो क्या?

ओह! उच्चाधिकारी पूरीखबरस! ये आप हैं जो ये कंकड़ गुमाते चल रहे हैं? लीजिए, मैं आपके लिए उन्हें बटोर लाया हूँ।

दशपति, मैं बाहर निकलना चाहता हूँ!

हमें परेशान मत करो!

6-63 23

और अब तिगुनी तेज़ी से अपने अगले पड़ाव, नीसे*, की ओर सरपट चाल!
चटाक!
*नीस

रोमन मार्ग VII, यही है हमारा रास्ता!
रो.म.
VII

?!?

आगे भी बढ़ो!
आगे कहाँ बढ़ूँ, मेरे बाप?
अगर मुझे पता होता...
हाँ,हाँ,हाँ... अगर–मगर की लड़ाई में, लुटीशिया गया खटाई में!
बचाकर! बैलों को टक्कर मत मारना!
गाड़ी सेवा
बढ़िया भूसा
1 हज़ार कदम

मगर यहाँ हो क्या रहा है?
कहाँ से टपके हो? तुम्हें इतना भी नहीं पता कि यह महा–विश्राम का समय है जब सब लोग आराम फ़रमाने समुद्र की ओर जाते हैं!

अगर मर्द के बच्चे हो तो रथ से नीचे उतरो!
मैं जंग में लड़ा था श्रीमानजी... ज़रगोविया की लड़ाई में, श्रीमान जी!!!
यह आराम फ़रमाया जा रहा है???
ये लुटीशियावासी पागल हैं!

एक सराय! चलो, उतरकर कुछ खा–पी लेते हैं और थोड़ा चैन से बैठते हैं!
अच्छा सुझाव है!

मैंने जंगली सूअर मंगाया था और तुम बछड़े का माँस ले आए।
जंगली सूअर खतम हो गया और अगर तुम्हें यह नहीं चाहिए और लोग इंतज़ार में खड़े हैं जो ये खुशी–खुशी खा लेंगे!

आखिरकार, जैतून के वृक्ष इस कठिन यात्रा के अंत की घोषणा करते हैं...
ये सभी लुटीशियावासी बावले हैंगे!
देखा! उसने मेरी टोपी उछाल दी!
तो तुमने टोपी को संभाला क्यों नहीं, मेरे बाप!

हम पहुँच गए, ओबेलिक्स! इस रथ को यहीं छोड़ देते हैं।
नीसे

समुद्र के किनारे यह मार्ग तो बहुत ही सुन्दर है... इसका क्या नाम है?
ब्रटोनिया सैर... चलो जल्दी से शहर की विशेषताएँ ख़रीदें...

सलाद से भरी एक सुराही, कृपया... साथ ले जाने के लिए!
ग
CMII नब LXXV

नीसे का सलाद क्या अच्छा होता है?
बहुत ही बढ़िया!... सब कुछ बढ़िया रहा, चलो अपने अगले पड़ाव, मासिलिया,* चलें।
*मारसैय्य

वहाँ देखो, ये वही दोनों हैं! एक छोटू और एक मोटू दानव!
!?!

मैं मोटा नहीं हूँ! ज़रा सा भी नहीं! शायद थोड़ा लंबा-चौड़ा हूँ, लेकिन मोटा तो बिलकुल भी नहीं!...
बहसबाजी छोड़ो और भाग निकलो, ओबेलिक्स!
पकड़ो इन्हें!!!

मोटा दानव! ये भी कोई मज़ाक की बात हुई!
अरे, संभलकर!
लोगों में शर्म नाम की कोई चीज़ ही नहीं है!
मुफ़्त की छुट्टी न हुई कुछ भी करने की छूट हुई!
मुफ़्त की छुट्टी से तुम्हें क्या चिढ़ है?

खाने-पीने की चीज़ों से भरे झोले का ध्यान रखना, कहीं भीग न जाए!
अहा, मज़ा आ गया!
कोई उन्हें रोकेगा भी?

अंधा क्या चाहे,
दो आँखें?

अरे नहीं! अरे नहीं! मैंने यह नाव सिर्फ़ अपने लिए किराए पर ली थी! तुम लोग मेरी नैया डुबो दोगे!...

लेकिन हम तो तट से दूर जा रहे हैं! ये सरासर लापरवाही है! तुम कहाँ जा रहे हो?
मासिलिया!
मैं मोटा नहीं हूँ! जी!... थोड़ा हृष्ट–पुष्ट हूँ... बस!

लेकिन मैं मासिलिया जाना ही नहीं चाहता! बड़ी मुश्किल से तो नीसे में एक सराय का एक कमरा मेरे हाथ लगा, वह भी पूरे खाने–पीने के साथ और मैं एक भी भोजन नहीं छोड़ना चाहता...

और हम मासिलिया ही जा रहे हैं और हमारे कान खाने बंद करो!!!
वैसे भी, चर्बी कहाँ, सिर्फ मांसपेशियाँ ही तो हैं!

आखिरकार, एक लंबी समुद्री यात्रा के बाद, हमारे दोस्त उतरते हैं शानदार मासिलिया पर...
हमारी नैया पार कराने के लिए आपका बहुत–बहुत धन्यवाद।
अरे? ये बड़ी मज़ेदार बात कही तुमने, एस्ट्रिक्स!

ओ, भले आदमी! तुम ऐसे कहाँ जा रहे हो?
नीसे वापस जा रहा हूँ! वहाँ मेरे खाने–पीने का पूरा बंदोबस्त है!

नीसे? समुद्र के रास्ते? वह भी ऐसी बर्फ़ानी हवा में जिसके आगे विसूवियस का फटना भी मज़ाक लगे! दिमाग ठिकाने तो हैगा?

फिर कभी समुद्र–तट पर छुट्टियाँ मनाने का सवाल ही पैदा नहीं होता!
ये सभी लुटीशियावासी पागल हैंगे!

नाविकों का मयख़ाना
भगदड़िक्स
चलो अंदर चलकर मुँह हाथ धोएँ और कुछ पूछताछ करें!

ओऽ, सीज़र! कोई आया है!

सीज़र?!...

नहीं, वो नहीं! आप क्या समझे थे? मैं सीज़र तो हूँ पर जूलियस नहीं! मैं सीज़र रायमूफाड़िक्स हूँ, नाविकों के मयख़ाने का मालिक।

मिलकर खुशी हुई... क्या आप बता सकते हैं... मछली का शोरबा कहाँ मिलेगा ले जाने के लिए?
मछली का शोरबा?

अरी, नाजुकनीन! एक मछली का शोरबा बनाओ, मैं अभी लेने आता हूँ!

मैं आपको थोड़ी सौंफ़िक्स पेश करूँ?
नहीं, शुक्रिया... हमें बकरी का दूध पसंद है...
साथ में जंगली सूअर हो तो क्या कहने...

बकरी का दूध... जंगली सूअर... अरे! आप वही दोनों गॉलवासी तो नहीं जिनके पीछे पागल रोमेंग हाथ धोकर पड़े हैंगे?
हम ही हैं!

आप बड़े बहादुर हैंगे! मासिलिया में आपका स्वागत है और इस खुशी में मेरी तरफ़ से सबके लिए जाम का एक दौर। आपके लिए दूध, हमारे लिए सौंफ़िक्स!
धन्यवाद, मगर मेरे लिए नहीं...

महाशयेंग! जब मैं जाम का एक दौर पेश करता हूँ तो सबको पीना पड़ता है! चाहे वह लुगदुनम से आया इन महाशयेंग जैसा कोई अजनबी ही क्यों न हो!
27

नाविको का
क्या मेरी बिच्छू–मछली सुंदर नहीं? और मेरे जलसाही तो इतने बढ़िया हैंगे कि उनके ऊपर बैठने का मन करेगा!
झूमबराबर झूम मासिलिया...

चलो, अपना मछली का शोरबा ले लिया जाए...
हम भी आपके साथ चलेंगे क्योंकि रोमेंग, हाँ, रोमेंग आपको हर तरफ तलाश कर रहे हैंगे!

आखिरकार, एक गॉलवासी जो सुकड़ा नहीं है!
ही! ही! ही!

रोमेंग! ढेर सारे रोमेंग! इतने सारे रोमेंग हैंगे, ज़रूर जूलियस सीज़र ने अपनी पूरी फौज़ ही भेज दी हैगी!...

अच्छा! उधर से निकल जाओ! हम उन्हें रोकने जा रहे हैंगे!
आपका बहुत धन्यवाद!
ही! ही! ही!

वास्तव में...
हमें जाने दो! हमें पता चला है दो अपराधी यहाँ से गुज़रे हैं!
औ सुनो औ! रुको! दिखता नहीं हम खेल रहे हैंगे?...
मैं खींचकर मारूँ या निशाना लगाऊँ?
नाविको का
मारो!

आप तब ही गुज़र पाओगे जब हमारा खेल पूरा हो जाएगा... वैसे भी ज़्यादा देर नहीं चलेगा।
निशाना लगाता हूँ!
मैंने कहा न, खींचकर मारो!
चलो! चलें!
रोमेंग, अगर तूने हमारे खेल की पारी को खतम होने से रोका, अगर तूने डाट को हाथ भी लगाया तो कसम से मासिलिया में बहुत गड़बड़ हो जाएगी!
क्रांति! दंगे! खून-खच्चर! युद्ध! घोर विनाश!

ठीक है, ठीक है, लेकिन जल्दी करो।
बोलो, खींचकर मारूँ या निशाना लगाऊँ?
अब खींचकर मार भी दे प्यारे! कब से यही बोले जा रहा हूँ!
तुम थोड़े से पागल हो गए हो क्या? इतना बारीक निशाना खींचकर नहीं, बल्कि आराम से मारा जाता है! व'भी सोच–समझ–कर!
28

जल्दी करो, ओबेलिक्स। मैं जल्द से जल्द तोलोज़ा* पहुँचना चाहता हूँ।
अंधेरा होने ही वाला है।
*तूलूज़

लो, देखा मैंने क्या कहा था? हाथ को हाथ सुझाई नहीं देता।
तो चलो सो जाते हैं, ओबेलिक्स। कल सुबह फिर निकल पड़ेंगे।

शुभ रात्रि, एस्ट्रिक्स।
शुभ रात्रि, ओबेलिक्स।

???

क्या ये नए रंगरूट हैं?
नहीं! ये वही दोनों गॉलवासी हैं!!!
हमने रात एक रोमन छावनी के बीचों–बीच गुज़ार दी!
अब आएगा मज़ा!
जल्दी! पकड़ो इन्हें! हम इन्हें तोलोज़ा ले जाएँगे, उच्चाधिकारी फैलसपसरस के पास!

ये तो बहुत सारे हैं। मैं जादुई काढ़े का एक घूँट चढ़ा लेता हूँ...
मैं तुम्हारे बिना ही शुरू हो रहा हूँ, एस्ट्रिक्स!
उन्हें पकड़ोssss
थपाक!

और रोमनों का बाजा बजने के कुछ देर बाद...
सुनो ओबेलिक्स, मैं सोच रहा था... कुछ देर पहले रोमनों ने कहा था कि वे हमें तोलोज़ा ले जाएँगे। तो अच्छा यही रहेगा कि रोमन ही हमें आराम से तोलोज़ा पहुँचाएँ...
हाँ... लेकिन यह हम उन्हें थोड़ी देर बाद ही बता पाएँगे...

यही है वह जिसने तोलोज़ा का नाम लिया था... चलो! उठो!!!
मैं थोड़ा पानी ले आता हूँ इन बेचारों को जगाने के लिए!

अरे भई, उठ भी जाओ!
नहीं, नहीं! तुम मुझे उठाकर फिर से मेरी धुनाई करना चाहते हो! अरे नहीं!

हम आत्मसमर्पण करते हैं! मैंने कहा, हम हथियार डाल रहे हैं!
सच कह रहे हो? कसम से?

कसम से। अभी के लिए...
हम जीत गए! हम जीत गए! सैनिको, पकड़ लो इन दोनों को !
अरे रुको तो! अभी तो मैंने इन्हें पूरी तरह जगाया ही नहीं है!
छपाक!

अहा! तो, मेरे जांबाज़ों! अब तो समझ आ गई होगी कि रोमन सेना के आगे तुम्हारी एक नहीं चलेगी! और तुम्हारी भी नहीं, मोटू...

मोटू किसे बोला?

शांत ओबेलिक्स! तुम सारा खेल बिगाड़ दोगे!

जकड़ दो इन्हें बेड़ियों में!
जो आज्ञा, शतपति। जय हो।

मैं मोटा नहीं हूँ!
खन्न! खन्न! खन्न!

और अब इसकी बारी।
जल्दी करो, जल्दी करो!
बस मैं सुकड़ा नहीं हूँ!
ठक! ठक! ठक!

अरे, मैंने अपना हथौड़ा कहाँ रख दिया?
तड़ाक!

?!?!
ये रहा!

श... शुक्रिया!
यह मेरा सौभाग्य है।

लो... यह हो गया।
ठीक है, अब जाकर मेरे दोस्त को फिर से बेड़ियों में जकड़ो, हम समय बरबाद कर रहे हैं।
चन्न!
चन्न!
चन्न!

इस तरह थरथराना बंद करो, वरना तुम यह काम कभी खतम नहीं कर पाओगे!
तड़ाक!

मैं तुम्हारा हाथ बटाता हूँ, वरना हम सारा दिन यहीं खड़े रहेंगे!
?!?

बंद करो ये सब!!!

और आखिरकार...
लीजिए, शतपति। काम हो गया। जय हो!

ज़रा रुको! हम अपना खाने–पीने के सामान का झोला तो वहीं भूल आए!
तड़ाक!

चिंता मत करो, एस्ट्रिक्स। मैं ले आता हूँ।
तड़ाक!

बूहूऽऽहूऽऽहूऽऽऽ!
बस, बस, चुप हो जाओ! कोई बात नहीं, हम इन्हें बिना बेड़ियों के ही गाड़ी में डाल देंगे।

देखा? इस तरह से हम बिना किसी मुसीबत के तोलोज़ा पहुँच जाएँगे। और सबसे मज़े की बात तो ये है कि कैदी हम हैं लेकिन पैदल धक्के खाते पीछे आ रहे हैं ये सारे।
ये रोमन पागल हैं!

और एक लंबी शांतिपूर्ण यात्रा के बाद...
हमें तोलोज़ा दिख रहा है। मेरी यहीं प्रतीक्षा करो। मैं उच्चाधिकारी को हमारे आने की ख़बर देने जा रहा हूँ!

इस शानदार विजय के बाद मुझे रोम में ज़रूर किसी न किसी प्रशासनिक पद पर नियुक्त किया जाएगा।
तोलोज़ा

मैं उच्चाधिकारी से तुरंत मिलना चाहता हूँ! यह बहुत ही महत्वपूर्ण है।

तो, शतपति! तुम्हारे पास मेरे लिए खबर है?
जी, हे उच्चाधिकारी फैलसपसरस। मैं चाहता हूँ कि आप मेरे पीछे–पीछे शहर के द्वार तक चलें। मेरे पास आपके लिए एक आश्चर्य है!

और जल्द ही...
मुझे आश्चर्य पसंद हैं और इसी बहाने मेरी थोड़ी कसरत भी हो रही है।
हम पहुँचने ही वाले हैं। आप एकदम आश्चर्य–चकित रह जाएँगे!

कसम जूपिटर की!

कैदी! कैदी कहाँ गए?
यही है तुम्हारा आश्चर्य? अधमरे सैनिकों का एक ढेर?

आपके जाने के थोड़ी देर बाद ही चले गए... कह गए कि वे तोलोज़ा किसी उच्चाधिकारी से मिलने नहीं बल्कि कबाब खरीदने आए थे!

कबाब? उच्चाधिकारी? कसम मिनर्वा की, ये क्या बकवास लगा रखी है?
कुछ नहीं, कुछ भी नहीं! जाने दीजिए!
सिसकियाँ!

इसी बीच, हमारे गॉलवासी तोलोज़ा से निकल रहे हैं...
अच्छी जगह है, तोलोज़ा... क्या ये कबाब बढ़िया हैं?
सूँ! सूँ!
क्या कहने, सबसे बढ़िया हैं, ओबेलिक्स!

गॉल के चप्पे-चप्पे में गुस्साए हुए रोमन हमारे नायकों को पकड़ने के लिए इनाम की घोषणा के सूचना-पट लगा रहे हैं...
50000 रोमन मुद्राओं का इनाम जो भी पकड़वाएगा
एस्ट्रिक्स और ओबेलिक्स इन दो खतरनाक भगोड़ों को

और एजिनम* शहर में...
ज़बर्दस्त हैं!
इन्हें सुन्दर नहीं कहा जा सकता ... लेकिन इनमें कुछ बात तो है।
गॉल की यात्रा... बढ़िया विचार है... काश यात्रा के दौरान ये लोग यहाँ भी रुकते!
ज़रूर रुकेंगे। वे हमारे मशहूर सूखे-आलूबुखारे खरीदना चाहेंगे। इन्हें तोलोज़ा में देखा गया है!
*आज़ों

रोमन छावनी के सेनापति के कार्यालय में...
ये दो गॉलवासी बहुत ही ताकतवर हैं। उन्हें पकड़ने के लिए हमें उन्हें किसी चाल में फँसाना पड़ेगा...

मैं उनके खाने में नशीली दवा मिला दूँगा जिससे वे सो जाएँगे और आपको बस उन्हें मेरी सराय से उठा ले जाना है।
ऐसी चीज़ें मैं करना तो नहीं चाहता, मगर ठीक है, धतूरिक्स।

अच्छा। गंवाने के लिए एक मिनट भी नहीं! तुरंत जाकर उनसे मिलता हूँ!
वे आ रहे हैं! वे आ रहे हैं!

एस्ट्रिक्स और ओबेलिक्स की गॉल-यात्रा किसी विजय-यात्रा से कम नहीं...
शाबास!
भले ही ये लोग अच्छे हैं लेकिन इनके कारण हम पकड़े जा सकते हैं...
बढ़े-चलो!

रुकिये दोस्तों! आप लोग हीरो हैं... और अगर आप मेरे साथ चलने की कृपा करें तो मैं आपको अपनी कुटिया में आराम करने का न्योता देता हूँ!
?!?

मेरा नाम धतूरिक्स है। मैं आपके लिए सूखे-आलूबुखारे और जंगली सूअर पेश कर सकता हूँ!
हमें सावधान रहना चाहिए, ओबेलिक्स! हम एक बार पहले भी धोखा खा चुके हैं।
जंगली सूअर! अरे, चलो भी एस्ट्रिक्स!

धतूरिक सराय
हम पहुँच गए! कृप्या अंदर आने का कष्ट करें...
हमें चौकन्ना रहना चाहिए...
ओ हो, तुम तो बहुत ही शक्की हो, एस्ट्रिक्स!

सबसे पहले मैं आपको एजिनम के मशहूर सूखे–आलूबुखारे से भरी यह छोटी–सी थैली भेंट करना चाहता हूँ!... अब कृप्या बैठिए, मैं जंगली सूअर लेकर आता हूँ।
धन्यवाद...
सूँ! सूँ!

यह रहा एक जंगली–सूअर!
ही! ही! और इसमें जो मिला हुआ है वह एक पूरे जत्थे को सुला सकता है!
रसोई

रुको, ओबेलिक्स!
बाद में, मुझे भूख लगी है!
रसोई

और आप कुछ नहीं खा रहे?
आपके लिए रुका हूँ!
मम्म! खपच! सड़प!

मैं... मुझे भूख नहीं है!
खाइए इसे!
सड़प! खपच! खपच!
धाम!

मम्म! गटक! खपच! सड़प!

मेरा अंदाज़ा सही निकला!
खड़च!
टप्प!

इसे क्या हुआ, ये एकदम से ऐसे कैसे लुढ़क सकता है?
तुम खुद को देखो, और तुम्हें नींद नहीं आ रही क्या, ओबेलिक्स?
र्रर्! खर्रर!

नींद? नहीं, मुझे तो अभी और भी भूख लगी है! इस जंगली सूअर का स्वाद तो मुर्दे में भी जान फूँक दे!
?!
34

ऐसे सोने में कितना मज़ा आता होगा!
चलो, निकलें! रोमन हमारे मेज़बान को जगाने कभी भी टपक सकते हैं।
र्रर्र! खर्रर्र!

रथ के बिना हम ज्यादा तेजी से चल सकते हैं... लेकिन वह झोला तुम मुझे दे दो। बेचारा घोड़ा तुम दोनों का भार नहीं उठा सकता।

मेरा भार? मेरे भार का क्या?

बहुत भारी है, यही! झोला मुझे पकड़ा दो और इतना खड़-दिमाग बनना बंद करो!
एस्ट्रिक्स महोदय को हमेशा आदेश झाड़ना होता है। एस्ट्रिक्स महोदय हमेशा ही मुखिया बनते हैं! एस्ट्रिक्स महोदय हमेशा सही होते हैं!

अब और नहीं, अगर घोड़ा मुझे और झोले को नहीं उठा सकता तो हम घोड़े को उठाएँगे।

लंबी देर तक रूठना

लो, मैंने क्या कहा था?
?
धड़ाम!
फूँह!

नहीं महाशय, नहीं! बात यह है कि ये इस चक्कर के बाद ज़रा थक गया है!
बात यह नहीं, ओबेलिक्स, लेकिन तुमने ठीक कहा कि यह चक्कर लंबा था। चलो रात यहीं बिताते हैं...

रात में...
यात्री! चलो इन्हें लूटें।
हआँ! हआँ!
र्रर्र र्रर्र
खर्रर्र!

हुश्त! कुक–डूँ–कुडूँ! कुक–डूँ–कुडूँ!
हूँऽऽ?

कुकडूँ-कुडूँ!
चलो, ओबेलिक्स। उठने का समय हो गया!
ऊँऽऽ, थोड़ी देर और!

मेरा झोला पकड़ा दो, एस्ट्रिक्स! अब तो मेरे घोड़े ने भी आराम कर लिया! तुमने मेरा झोला कहाँ छिपाया है?
झोला, मैंने तो झोला छुआ तक नहीं!!!

लेकिन मैंने तो यहीं रखा था!
आँखे खोलो और देखो ओबेलिक्स, किसी ने हमारे खाने–पीने के सामान का झोला चुरा लिया है!

ओबेलिक्स, हमें उसे ढूँढना ही पड़ेगा! उस झोले के बिना हमारी यात्रा बेकार है! झोला भारी है, तो चोर ज़्यादा दूर नहीं पहुँचे होंगे। चलो निकलें!

हुर्रर!
ये फिर आ गया? मेरी किस्मत में इसी को लादना क्यों लिखा है?

आखिर पकड़े ही गए, गॉलवासियों!
ओबेलिक्स, जल्दी से छुप जाते हैं!

लेकिन मैं आपको बता रहा हूँ कि हम एस्ट्रिक्स और ओबेलिक्स नहीं हैं! हम लुटेरे तो हैं लेकिन रोमन! हमारे नाम चोर–उचक्कस और डाकू–पक्कस हैं।
कसम सैटर्न की, मज़ाक अच्छा है! हुलिया तो उनसे एकदम मिलता–जुलता है! एक छोटू और झोला उठाए हुए एक मोटू दानव।

अभी समझाता हूँ तुझे मोटू दानव का मतलब!
शांत हो जाओ, ओबेलिक्स। थोडी दूरी बनाकर उनका पीछा करते हैं।
36

गिरफ़्तारी की सनसनीखेज़ खबर बुरदीगाला* शहर पहुँच चुकी है...
बेचारे हमारे देशवासी!
जीत के इतनी पास पहुँचकर हार गए!
काश हम उनकी मदद कर पाते!
कितनी शर्म की बात है!
बोरदो*

एस्ट्रिक्स और ओबेलिक्स, दो गॉलवासी जिन्होंने रोम को ठेंगा दिखाने की जुर्रत की है, को बुरदीगाला के मुख्य चौक पर सबके सामने प्रदर्शित किया जाएगा। मोटरस-दुर्घटनस, छावनी के सेनाध्यक्ष, जनता को संबोधित करेंगे।

...और खाने-पीने की चीज़ों से भरा यह झोला, इस बात का पक्का सबूत है कि रोम की ताकत को ललकारने वाले ये दोनों गॉलवासी भगोड़े घुटने टेक चुके हैं...
लेकिन हम बता तो रहे हैं कि हम चोर-उचक्कस...
और डाकू-पक्कस हैं!

ये बिलकुल सच बोल रहे हैं!
?!

और हमें हमारा झोला वापस करो, हम जल्दी में हैं।

एस्ट्रिक्स और ओबेलिक्स! शाबास!
इनकी मदद करें!
चलो अपने नायकों की मदद करें!

सैनिको! पकड़ लो इन आदमियों को!

ओह पता नहीं... कोई दंगा-वंगा होगा।

सीप अच्छे हैं मगर जंगली सूअर तो उन महीनों में भी खाया जा सकता है जिनमें र नहीं आता...

चलो, बंदरगाह की ओर चलें, देखते हैं हमारी वापसी यात्रा के लिए कोई जहाज़ मिलता है या नहीं...

जल्दी से सामान उतारो, निकम्मों, तुम लोगों के कारण हमारा जहाज़ ज्वार नहीं पकड़ पाएगा!
शिला-स्तंभ!!!

आप आर्मोरिका से हैं?
जी,कप्तान शिला-लेखिक्स, ज्येज़ोस्क्रीबात* से, जैसे ही जहाज़ का माल उतर जाएगा, मैं आर्मोरिका रवाना हो जाऊँगा।
* काँके

हमें भी साथ ले चलो!
मैं शिलास्तंभ ही पहुँचाता हूँ! इन्हें उतारना मेरे बाएँ हाथ का खेल है!

देखा?
?!?

कुछ देर बाद...
और ये रहे आखिरी वाले!...
आप जरूर एस्ट्रिक्स और ओबेलिक्स हैं। आप को साथ ले जाना मेरे लिए गौरव की बात होगी!
धन्यवाद, कप्तान!

और...
पाल चढ़ाओ!

ओऽऽ! जहाज़ रोको! तीन दर्जन शिला-स्तंभ होने चाहिए थे लेकिन यहाँ तो सिर्फ़ पैंतीस ही हैं!
सही कह रहे हो, यहाँ अभी-भी एक बाकी बचा है! यह लो, अभी भेजता हूँ!

धड़ाम!

...पैंतीस, छत्तीस, अब हिसाब बराबर।
39

हमें रोमनों से टकराने का कोई डर नहीं। उनके जहाज़ इस इलाके के आस-पास नहीं फटकते... लेकिन यहाँ समुद्री डाकू हैं!
क्या आपको वाकई लगता है उनसे भेंट होगी?

और यह लीजिए, एक दूसरे जहाज़ पर...
हमारी पिछली मुठभेड़ के बाद, चिकनिक्स, हमें ईमानदारी से काम करके पाई-पाई जोड़नी पड़ी है, एक नया जहाज़ खरीदने के लिए, जिसकी किश्तें अभी भी बकाया हैं! सख़्त ज़रूरत है एक बलि के बकरे की!

शिकार, जहाज़ के दाहिनी ओर!

समुद्री डाकू, जहाज़ के बाईं ओर!
बढ़िया!

तो लड़कों, हड़बड़ी मत मचाओ। जल्दबाजी की कोई ज़रूरत नहीं! ये शिकार हाथ से जाने न पाए!

मगर... **मगर...**
ये तो वही दोनों हैं!

जहाज़ घुमाओ!!! जल्दी!!! जल्दीऽऽऽ!

हाय, बहुत देर हो गई...
जीतने वालों के भगवान भी साथ! हारने वालों के मत काटो हाथ!
बस कर लड़के! मज़ाक उड़ाने के बजाय नई नौकरी ढूँढने की सोच!

दोस्तों, हम ज़्येज़ोस्क्रीबात पहुँच रहे हैं। ये रोमन जहाज़ों और सैनिकों से अटा पड़ा है क्योंकि यह एक सैन्य बंदरगाह है... आपको बहुत चतुराई से उतरना पड़ेगा।

हम आपको बोरों में छुपाकर उतारेंगे!
मुझे यह सुझाव ज्यादा पसंद तो नहीं लेकिन आप किसी मुसीबत में न पड़ें इसलिए मान जाता हूँ।

और कुछ देर बाद ज़्येज़ोस्क्रीबात पर जहाज़ के लंगर डालने पर...

उफ़्फ़! कितना मोटा है!...
कौन मोटा है?

श्श्श! मैं खुद को मोटा कह रहा था! श्श्श!
क्या कहा

म... मैं कह रहा था कि मैं मोटा हूँ!
???

ये पागल है! पूरा पागल! एकदम पागल!
क्या कह रहे हो, तुम कहाँ मोटे हो!
आ हा!

अभी बाहर मत निकलना! चारों ओर रोमन ही रोमन मंडरा रहे हैं! रास्ता साफ़ होते ही मैं आपको बता दूँगा।
वह तो ठीक है लेकिन मैं आपको बता दूँ कि आप हमारे खाने-पीने के सामान वाले झोले से बात कर रहे हैं!

ठहरो! अपनी गिनती बताओ!
I
II
III
IV

तुम दोनों बाहर निकलो...

उफ़! मैं तो पसीना–पसीना हो रहा था!
...पंक्ति से!

?!
?

ओबेलिक्स, चलो, भाग निकलें और खाने–पीने के सामान वाला झोला मत भूलना!

मेरी ढाल बनो! मैं उन्हें गिरफ़्तार करने जा रहा हूँ!

सावधान!!!
सावधान!!!

खतरे की घंटी बजा दी गई है और ज़्येज़ोस्क्रीबात के बंदरगाह में अलग–अलग आदेश गूँज रहे हैं।
रस्सियाँ खोल दो!
अरेऽऽऽ! कुछ मत खोलो, हम तो अभी उतरने वाले हैं!
सभी आदमी नीचे उतरें!
ये सब क्या हो रहा है!
कुछ समझ नहीं आ रहा। यही उम्मीद है कि ये हमारी लुटिया डूबने नहीं देंगे!

मेरे प्यारे ओबेलिक्स, हमारी गॉल–यात्रा पूरी होने वाली है।
हाँ, मेरे प्यारे एस्ट्रिक्स, हम अपने गाँव पहुँचने वाले हैं!

वह देखो... हमारे गाँव के चारों ओर ये जंगला...
ठहरो, मैं बचा–खुचा जादुई काढ़ा भी खतम कर देता हूँ...

अब, ओबेलिक्स, चलो धावा बोलें!!!

आप यहाँ से नहीं जा सकते!

ओबेलिक्स, क्या तुम्हारा झोला मैं पकड़ लूँ?
धम्म!
ढिशुम!
टड़ाँग!
तड़ाक!
धमाक!
कोई ज़रूरत नहीं है, एस्ट्रिक्स, इनके लिए तो मेरा एक हाथ ही काफ़ी है।

अब तो हम जा सकते हैं एस्ट्रिक्स, अब तो हमने सारी औपचारिकताएँ पूरी कर दीं।
रुको, मुझे किसी एक को जगाना होगा।
अब तो मेरी जान छोड़ दो!
चटाक! चटाक! चटाक!

जाओ जाकर निरीक्षक कमलगट्टस को सूचित करो कि हम वापस आ गए हैं और उन्हें न्योता देते हैं एक शानदार दावत के लिए जिससे साबित हो जाएगा कि हम शर्त जीत चुके हैं! हमने गॉल यात्रा पूरी कर ली!

आखिरकार...
इनके स्वागत में एक छोटा सा गाना...
नहीं!
43

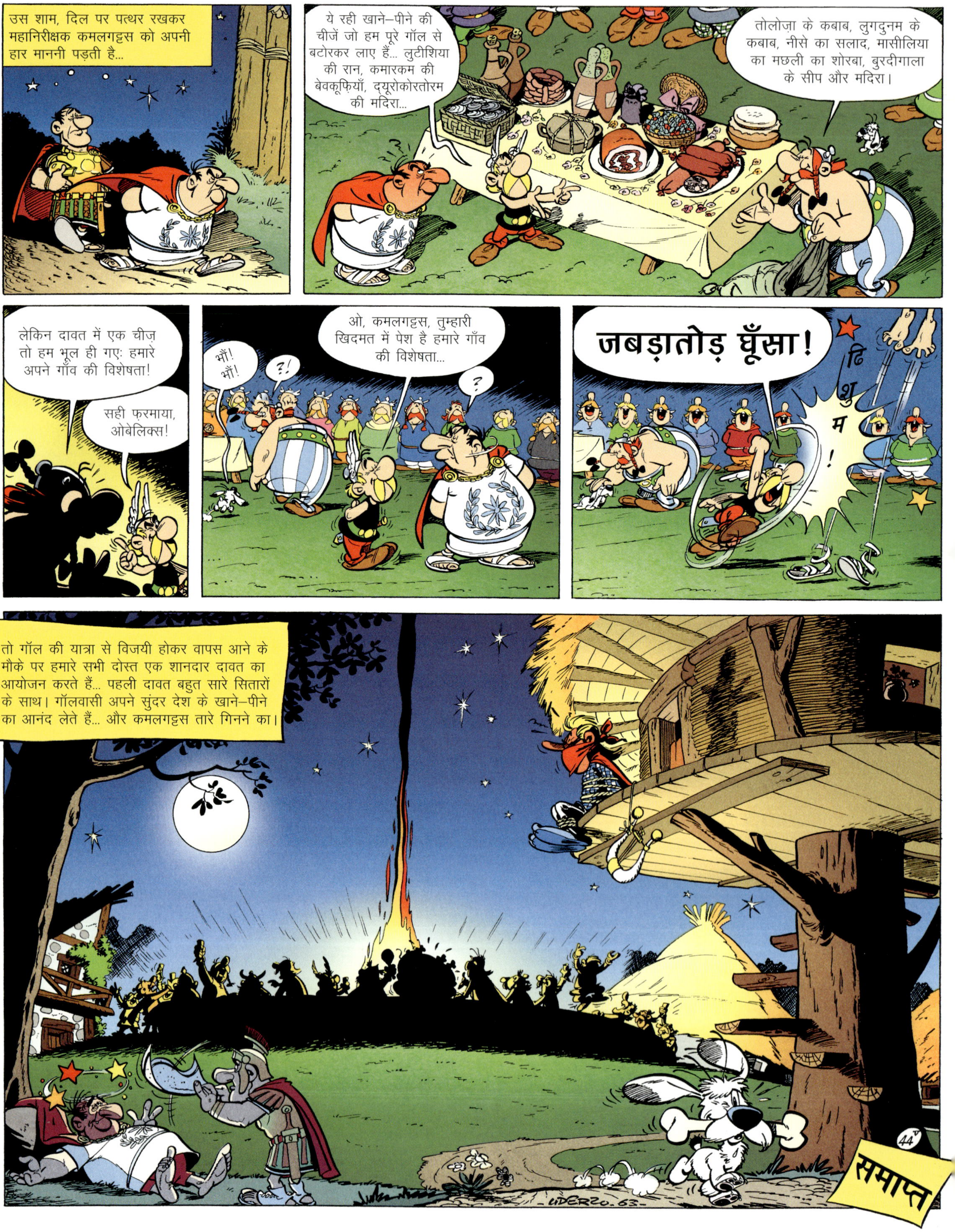

तो गॉल की यात्रा से विजयी होकर वापस आने के मौके पर हमारे सभी दोस्त एक शानदार दावत का आयोजन करते हैं... पहली दावत बहुत सारे सितारों के साथ। गॉलवासी अपने सुंदर देश के खाने–पीने का आनंद लेते हैं... और कमलगट्टस तारे गिनने का।

44

UDERZO 63

समाप्त